Hefei Huang und Dieter Ziethen

Chinesische Elementarzeichen 1

Übungsbuch der Schriftzeichen und Vokabeln des neuen HSK 1

6. Auflage

Hefei Huang Verlag

Bibliografische Information der Deutschen Bibliothek

Die Deutsche Bibliothek verzeichnet diese Publikation in der Deutschen Nationalbibliographie. Detaillierte bibliografische Daten sind im Internet über http://dnb.ddb.de abrufbar.

ISBN 978-3-940497-16-1, 6. Auflage

www.huang-verlag.de

Gedruckt in Deutschland

Inhalt

Systematik der Schriftzeichen

Wer die Anfangshürden beim Lernen der chinesischen Schrift überwunden hat, weiß, dass die chinesischen Schriftzeichen nicht willkürlich aufgebaut sind, sondern immer wiederkehrenden Mustern und Regeln folgen. Zum Lernen der chinesischen Schriftzeichen ist es daher hilfreich, diese Ordnungsmuster zu kennen. Zweck dieses Kapitels ist es, den Leser mit mehreren möglichen Ordnungsmustern vertraut zu machen.

Ein erstes Ordnungsmuster ist die Einteilung der Schriftzeichen nach der Art ihres Inhalts. Hiermit ist gemeint, ob ein Schriftzeichen das vereinfachte Bild eines Gegenstandes ist, einen abstrakten Sachverhalt symbolisch darstellt oder durch eine Kombination mehrerer Bilder oder Symbole entsteht.

Das bekannteste Ordnungsmuster ist das Radikal eines Schriftzeichens. Das Radikal ist der klassifizierende Teil eines Schriftzeichens, der sich auch in anderen Schriftzeichen findet. Auf diese Weise können Schriftzeichen mit gleichem Radikal zu Gruppen geordnet werden.

Beides wird in den folgenden Abschnitten näher beschrieben.

Ordnung nach dem Inhalt

Teilt man die chinesischen Schriftzeichen nach der Art ihres Inhalts ein, können zwei Gruppen unterschieden werden: Basiszeichen und zusammengesetzte Zeichen.

Ein Basiszeichen ist ein Schriftzeichen, das nicht weiter zerlegt werden kann. Ein Basiszeichen stellt mit Strichen einen Gegenstand oder ein abstraktes Ding dar. Die gegenständliche Gruppe der Basiszeichen nennt man daher auch Bildzeichen. Die abstrakte Gruppe der Basiszeichen wird indikative Zeichen genannt.

Ein zusammengesetztes Zeichen setzt sich aus zwei oder mehreren Basiszeichen zusammen. Die zusammengesetzten Zeichen stellen die größte Gruppe der chinesischen Schriftzeichen. Auch die zusammengesetzten Zeichen können in zwei Untergruppen eingeteilt werden. Weist ein Basiszeichen auf die Aussprache des zusammengesetzten Zeichens hin, spricht man von einem Bild-Laut-Zeichen. Die übrigen zusammengesetzten Zeichen werden Kombinationszeichen genannt.

Damit können bezüglich des Inhalts insgesamt vier Gruppen von Schriftzeichen unterschieden werden.

Bildzeichen

Ein Bildzeichen ist das Bild eines greifbaren Gegenstandes. Es gibt den Gegenstand in seiner Erscheinungsform wieder. In den Anfängen der chinesischen Schrift wurden diese Bilder sehr realitätsnah gezeichnet. Mit zunehmender Entwicklung der Schrift wurden die Bilder immer weiter abstrahiert. Dennoch ist ein Bezug zum realen Gegenstand noch immer zu erkennen. Dadurch können diese Schriftzeichen besonders einfach gelernt werden. Einige Beispiele gibt die folgende Tabelle:

Alte Form	Neue Form	Pinyin	Bedeutung
	山	shān	Berg
	月	yuè	Mond
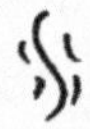	水	shuǐ	Wasser
	日	rì	Sonne
	人	rén	Mensch

Indikative Zeichen

Ein indikatives Zeichen ist die graphische Darstellung eines Gegenstandes oder Sachverhalts, deren Bedeutung sich nicht direkt durch das Bild erschließt. Das Schriftzeichen muss also erst zu lesen gelernt werden. Mit indikativen Zeichen kann daher ein größeres Wortfeld als mit Bildzeichen beschrieben werden. Einige Beispiele gibt die folgende Tabelle:

Alte Form	Neue Form	Pinyin	Bedeutung
	上	shàng	oben
	下	xià	unten
	五	wǔ	fünf
	八	bā	acht

Kombinationszeichen

Ein Kombinationszeichen ist eine Gruppe zweier oder mehrerer Bildzeichen oder indikativer Zeichen, der eine Bedeutung zugewiesen ist. Ein Kombinationszeichen kann das Symbol eines abstrakten Sachverhalts sein, wie beispielsweise eines Gefühls. Es kann aber auch ein bildlicher Begriff sein. Einige Beispiele gibt die folgende Tabelle:

Komponenten	Zeichen	Pinyin	Bedeutung
人+木	休	xiū	Mensch + Baum = Pause
日+月	明	míng	Sonne + Mond = hell
木+木	林	lín	zweimal Baum = Wald
小+土	尘	chén	klein + Erde = Staub
水+目	泪	lèi	Wasser + Auge = Träne

Bild-Laut-Zeichen

Ein Bild-Laut-Zeichen ist ein Kombinationszeichen, das aus zwei Komponenten besteht. Eine Komponente bestimmt die Aussprache. Die andere Komponente weist auf seine Bedeutung hin. Einige Beispiele gibt die folgende Tabelle:

Komponenten	Zeichen	Pinyin	Bedeutung
女(Frau) + 马(mǎ)	妈	mā	Mutter
汤(tāng) + 火(Feuer)	烫	tàng	heiß
火(Feuer) + 考(kǎo)	烤	kǎo	backen
衣(Kleidung) + 库(kù)	裤	kù	Hose
金(Metall) + 中(zhōng)	钟	zhōng	Glocke

Ordnung nach dem Radikal

Radikale dienen der Klassifizierung und Sortierung chinesischer Schriftzeichen. Das Wort Radikal ist vom lateinischen Wort „radix“ (Wurzel) abgeleitet – es wird daher auch Wurzelzeichen genannt. Das Radikal ist die grafische Grundkomponente eines Schriftzeichens. Insgesamt gibt es ungefähr 225 Radikale. Je nach Wörterbuch variiert die Anzahl. Auch das Radikal eines Schriftzeichens kann zwischen Wörterbüchern unterschiedlich definiert sein. Manche Wörterbücher führen ein Schriftzeichen auch unter mehreren Radikalen, um ein Zeichen besser auffindbar zu machen. Auch wenn es diese Unschärfe gibt, ist bei einem Großteil der chinesischen Schriftzeichen die Definition des Radikals unstrittig. Einige Beispiele für Radikale und Schriftzeichen gibt die folgende Tabelle:

Radikal	Bedeutung	Beispiel	Pinyin	Bedeutung
口	Mund	喝	hē	trinken
		吃	chī	essen
亻	Mensch	做	zuò	tun, machen
		他	tā	er
女	Frau	妈	mā	Mutter
		姐	jiě	ältere Schwester
艹	Gras, Pflanze	茶	chá	Tee
		菜	cài	Gemüse
犭	Kralle	狗	gǒu	Hund
		猫	māo	Katze

Hinweis: Die Radikale dieses Buchs sind den Werken „新华写字字典“ (商务印书馆, 北京, 2001) und „新汉德词典“ (商务印书馆, 北京, 1996) entnommen.

Schreibung der Schriftzeichen

Chinesische Schriftzeichen kennen keine Rechtschreibung in dem Sinn, wie wir diese aus dem Deutschen gewöhnt sind. Ein Schriftzeichen ist entweder vollständig geschrieben oder nicht. Dennoch gibt es einige Regeln, die man beim Schreiben der Schriftzeichen kennen sollte.

Wichtige Elemente

Zu einem korrekt geschriebenen Zeichen gehört zum einen, dass es alle Striche des Zeichens enthält. Zum anderen ist aber auch wichtig, die wesentlichen Elemente korrekt zu schreiben. Die chinesischen Schriftzeichen dieses Buchs sind entweder in chinesischer Druckschrift oder Pinselschrift abgebildet. Da man in der Regel aber mit einem Bleistift, Kugelschreiber oder Füllfederhalter schreibt, kommt manchmal die Frage auf, wie ein Schriftzeichen richtig geschrieben wird. Denn sowohl die chinesische Druckschrift als auch die Pinselschrift weisen Merkmale auf, die man mit einem westlichen Schreibgerät nicht schreiben kann. Die folgende Abbildung soll helfen, hier Klarheit zu gewinnen. Generell werden Verzierungen nicht geschrieben. Ein Haken am Ende einer senkrechten Linie ist dagegen wichtig.

Druckschrift	Pinselschrift	Bleistift

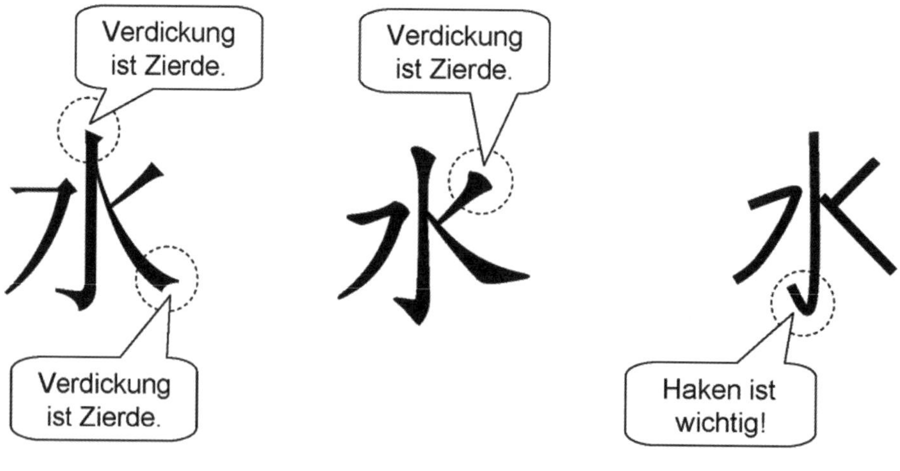

Die Tabelle auf der nächsten Seite gibt zusätzlich einige Beispiele, um die Schreibung mit einem Bleistift oder Kugelschreiber zu verdeutlichen.

Druckschrift	Pinselschrift	Bleistift
你	你	你
好	好	好

Die Verdickungen der Druck- oder Pinselschrift werden also mit einem Bleistift nicht geschrieben. Sie verraten einem erfahrenen Schreiber aber die Strichrichtung und sind daher in den meisten chinesischen Schriftfonts zu finden.

Strichfolge

Jedes Schriftzeichen setzt sich aus mehreren Strichen zusammen. Die Reihenfolge, in der die Striche geschrieben werden, nennt man auch Strichfolge. Die Strichfolge ist aus mehreren Gründen wichtig:

- Die Strichfolge gibt einen Schreibrhythmus vor, der sich im Kopf abspeichert.
- Die Strichfolge stellt sicher, dass ein Zeichen formschön wird.
- Die Strichfolge dient aber auch dazu, ein Zeichen effizient mit kleinen Schreibwegen zu schreiben.

Die Strichfolge ist im Chinesischen nicht normiert. Je nach Quelle kann ein Lerner verschiedene Strichfolgen finden. Keine dieser Strichfolgen ist falsch! Sie sind ein Vorschlag für die Schreibung eines Schriftzeichens.

Dieses Buch versucht, sich jeweils an der gebräuchlichsten Strichfolge zu orientieren. Sollten Sie im Einzelfall eine Strichfolge finden, die Sie anders kennen, bleibt Ihnen die Entscheidung überlassen, welche Strichfolge Ihnen besser liegt.

Hinweis: Durch die Computerentwicklung der vergangenen Jahre ist es möglich geworden, sich die Strichfolge eines Zeichens animiert darstellen zu lassen. Der Algorithmus, der dahinter liegt, kennt natürlich nur eine Strichfolge. Da er weltweit Anwendung findet, gibt er scheinbar einen Schreibstandard vor, den es so nicht gibt.

Personalpronomen

Kurzzeichen	Radikal	Langzeichen	Pinyin	Bedeutung
我	戈	我	wǒ	ich
你	亻	你	nǐ	du
他	亻	他	tā	er
她	女	她	tā	sie
们	亻	們	men	Pluralpartikel
谁	讠	誰	shuí / shéi *)	wer?

*) Beide Sprechweisen sind gebräuchlich.

wǒ
(ich)
我

nǐ
(du)
你

你	你	你			

tā
(er)
他

他	他	他			

tā
(sie)
她

她	她	她			

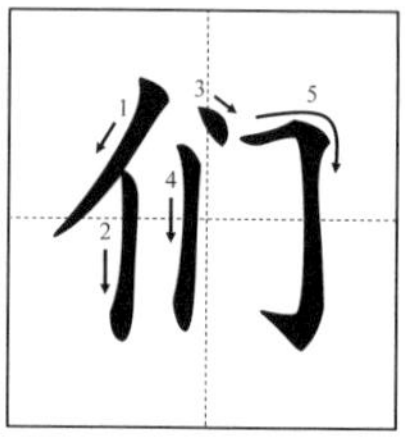

men
(Pluralpartikel)
们

们	们	们			

shuí / shéi
(wer?)
谁

谁	谁	谁			

Vokabeln

ich
(wǒ)

我							

du
(nǐ)

你							

er
(tā)

他

sie
(tā)

她

wir
(wǒmen)

我们

ihr
(nǐmen)

你们

sie (Pl.)
(tāmen)

他们

Wer?
(shuí / shéi)

谁

Zahlen

Kurzzeichen	Radikal	Langzeichen	Pinyin	Bedeutung
一	一	一	yī	eins
二	一	二	èr	zwei
三	一	三	sān	drei
四	口	四	sì	vier
五	一	五	wŭ	fünf
六	亠	六	liù	sechs
七	一	七	qī	sieben
八	八	八	bā	acht
九	丿	九	jiŭ	neun
十	十	十	shí	zehn
零	雨	零	líng	null

一

yī
(eins)

一

二

èr
(zwei)

二

三

sān
(drei)

三

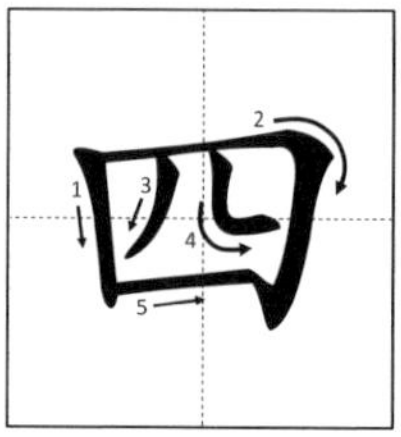

sì
(vier)

四

四 四 四

wǔ
(fünf)

五

五 五 五

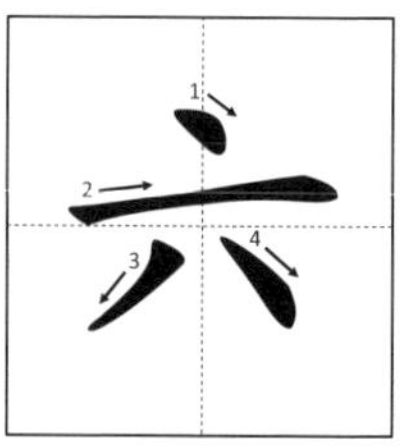

liù
(sechs)

六

六 六 六

七

qī
(sieben)

七

八

bā
(acht)

八

九

jiŭ
(neun)

九

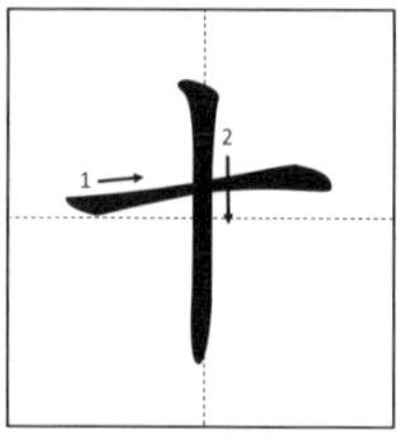

shí
(zehn)
十

líng
(null)
零

Vokabeln

eins
(yī)

zwei
(èr)

drei (sān)	三
vier (sì)	四
fünf (wŭ)	五
sechs (liù)	六
sieben (qī)	七
acht (bā)	八
neun (jiŭ)	九
zehn (shí)	十
null (líng)	零

Adjektive

Kurzzeichen	Radikal	Langzeichen	Pinyin	Bedeutung
好	女	好	hǎo	gut
大	大	大	dà	groß
小	小	小	xiǎo	klein
多	夕	多	duō	viel
少	小	少	shǎo	wenig
高	亠	高	gāo	hoch
兴	八	興	xìng	Interesse
冷	冫	冷	lěng	kalt
热	灬	熱	rè	warm
漂	氵	漂	piào	schön
亮	亠	亮	liàng	glänzend

hăo
(gut)

好

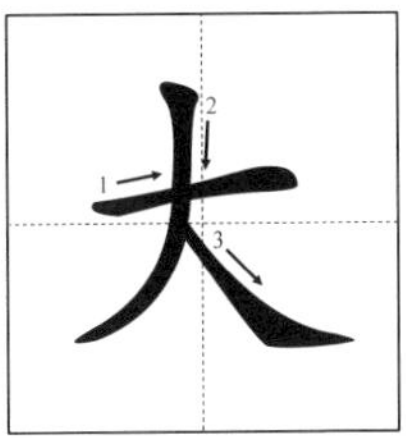

dà
(groß)

大

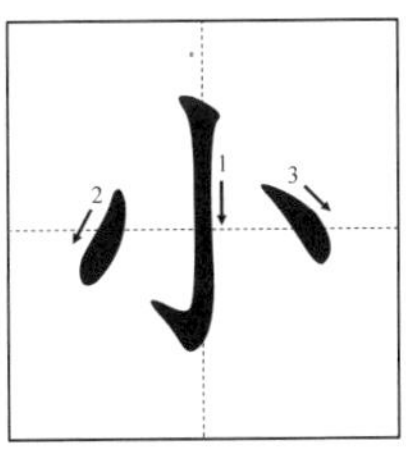

xiăo
(klein)

小

duō
(viel)
多

多 多 多

shǎo
(wenig)
少

少 少 少

gāo
(hoch)
高

高 高 高

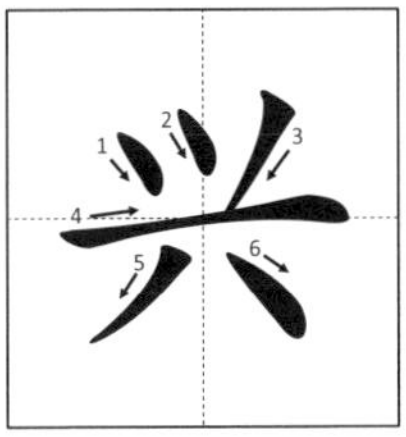

xìng
(Interesse)

兴

lěng
(kalt)

冷

rè
(warm)

热

piào
(schön)

漂

liàng
(glänzend)

亮

Vokabeln

gut
(hăo)
好

groß
(dà)
大

klein
(xiăo)
小

viel
(duō)
多

wenig
(shăo)
少

Wie viel?
(duōshăo)
多少

froh
(gāoxìng)

高	兴						

kalt
(lěng)

冷							

warm
(rè)

热							

hübsch
(piàoliang)

漂	亮						

Essen und Trinken

Kurzzeichen	Radikal	Langzeichen	Pinyin	Bedeutung
水	水	水	shuǐ	Wasser
菜	艹	菜	cài	Gemüse
米	米	米	mǐ	Reis, Korn
饭	饣	飯	fàn	Speise
果	丨	果	guǒ	Frucht
苹	艹	蘋	píng	Apfel
茶	艹	茶	chá	Tee
吃	口	吃	chī	essen
喝	口	喝	hē	trinken

shuǐ
(Wasser)

水

水	水	水			

cài
(Gemüse)

菜

菜	菜	菜			

mǐ
(Korn, Reis)

米

米	米	米			

fàn
(Speise)
饭

guǒ
(Frucht)
果

píng
(Apfel)
苹

chá
(Tee)
茶

茶	茶	茶			

chī
(essen)
吃

吃	吃	吃			

hē
(trinken)
喝

喝	喝	喝			

Vokabeln

Wasser (shuǐ)	水							
Gemüse (cài)	菜							
Reis (mǐfàn)	米	饭						
Obst (shuǐguǒ)	水	果						
Apfel (píngguǒ)	苹	果						
Tee (chá)	茶							
essen (chī)	吃							
trinken (hē)	喝							

Familie und Freunde

Kurzzeichen	Radikal	Langzeichen	Pinyin	Bedeutung
爸	父	爸	bà	Vater
妈	女	媽	mā	Mutter
儿	儿	兒	ér	Kind
子	子	子	zi	Kind
女	女	女	nǚ	Frau
朋	月	朋	péng	Kamerad
友	又	友	yǒu	Freund
家	宀	家	jiā	Familie

bà
(Vater)
爸

爸 爸 爸

nǚ
(Frau)
女

女 女 女

mā
(Mutter)
妈

妈 妈 妈

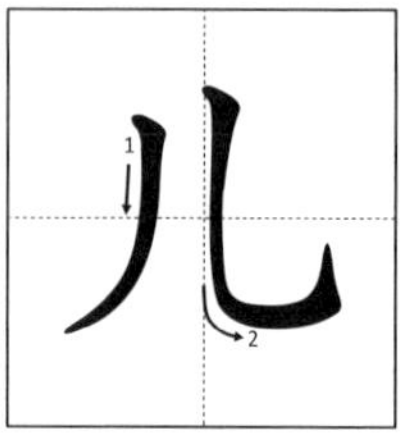

ér
(Kind)
儿

zi
(Kind)
子

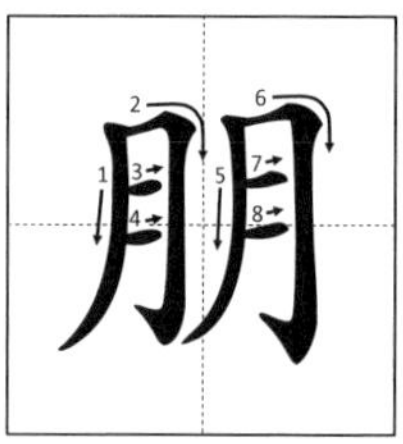

péng
(Kamerad)
朋

yǒu
(Freund)

友

友友友

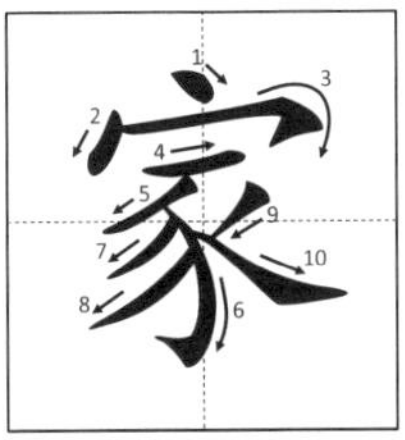

jiā
(Familie)

家

家家家

Vokabeln

Vater
(bàba)

爸爸

Mutter (māma)	妈	妈
Sohn (érzi)	儿	子
Tochter (nǚ'ér)	女	儿
Freund (péngyou)	朋	友
Familie, zu Hause (jiā)	家	

Anreden und Berufe

Kurzzeichen	Radikal	Langzeichen	Pinyin	Bedeutung
老	老	老	lǎo	alt
师	巾	師	shī	Meister
学	子	學	xué	lernen
生	生	生	shēng	gebären
同	冂	同	tóng	gleich
医	匚	醫	yī	Medizin
先	儿	先	xiān	zuerst
姐	女	姐	jiě	ältere Schwester

lǎo
(alt)
老

shī
(Meister)
师

xué
(lernen)
学

shēng
(gebären)
生

tóng
(gleich)
同

yī
(Medizin)
医

xiān
(zuerst)
先

先	先	先			

jiě
(ältere
Schwester)
姐

姐	姐	姐			

Vokabeln

Lehrer
(lǎoshī)

老	师						

Schüler
(xuésheng)

学	生						

Mitschüler
(tóngxué)

同	学						

Arzt
(yīshēng)

医	生						

Herr
(xiānsheng)

先	生						

Fräulein
(xiǎojie)

小	姐						

Lage- und Ortsbeschreibungen

Kurzzeichen	Radikal	Langzeichen	Pinyin	Bedeutung
上	丨	上	shàng	oben
下	一	下	xià	unten
前	丷	前	qián	vorne
后	厂	後	hòu	hinten
面	一	面	miàn	Gesicht
里	里	裏	lǐ	innen
这	辶	這	zhè	dieses
那	阝	那	nà	jenes
哪	口	哪	nǎ	wo?

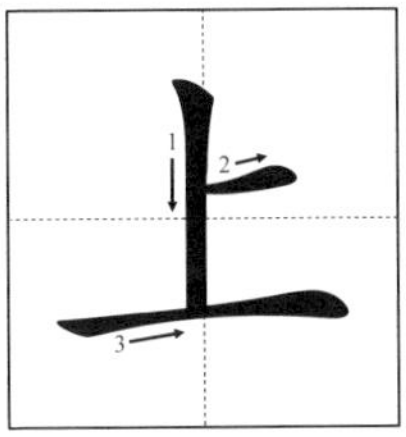

shàng
(oben)

上

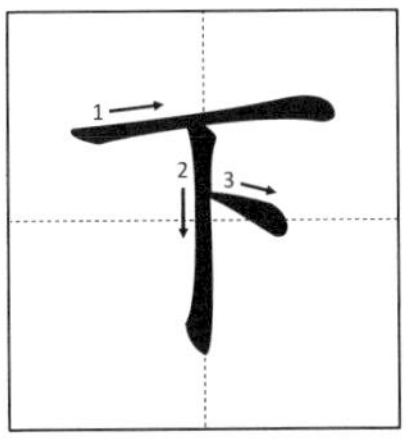

xià
(unten)

下

qián
(vorne)

前

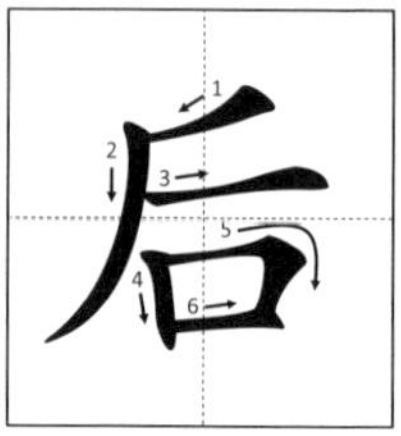

hòu
(hinten)

后

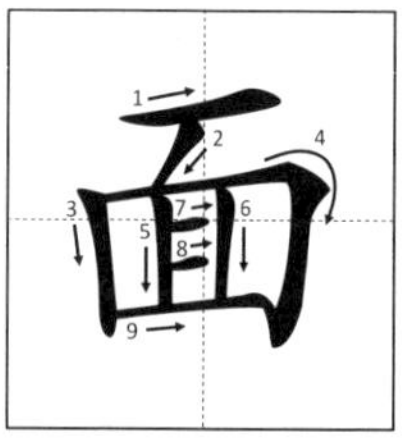

miàn
(Gesicht)

面

lǐ
(innen)

里

zhè
(dieses)

这

这	这	这			

nà
(jenes)

那

那	那	那			

nǎ
(wo?)

哪

哪	哪	哪			

Vokabeln

oben, auf (shàng)	上
unten, unter (xià)	下
vorne (qiánmian)	前面
hinten (hòumian)	后面
innen (lǐ)	里
dieses (zhè)	这
hier (zhèlǐ)	这里
hier (zhèr = zhèlǐ)	这儿

jenes
(nà)

那							

dort
(nàlĭ)

那	里						

dort
(nàr = nàlĭ)

那	儿						

Wo?
(năr)

哪	儿						

Natur und Kosmos

Kurzzeichen	Radikal	Langzeichen	Pinyin	Bedeutung
天	大	天	tiān	Himmel
气	气	氣	qì	Gas, Luft
雨	雨	雨	yǔ	Regen
月	月	月	yuè	Mond
日	日	日	rì	Sonne
星	日	星	xīng	Stern
猫	犭	貓	māo	Katze
狗	犭	狗	gǒu	Hund
人	人	人	rén	Mensch

liān
(Himmel)

天

qì
(Gas, Luft)

气

yŭ
(Regen)

雨

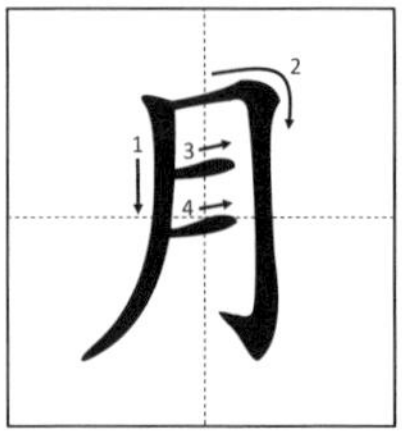

yuè
(Mond)

月

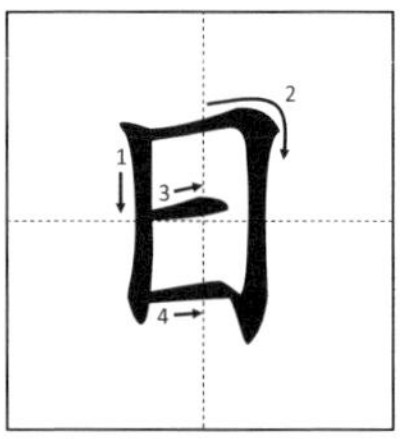

rì
(Sonne)

日

xīng
(Stern)

星

māo
(Katze)
猫

gǒu
(Hund)
狗

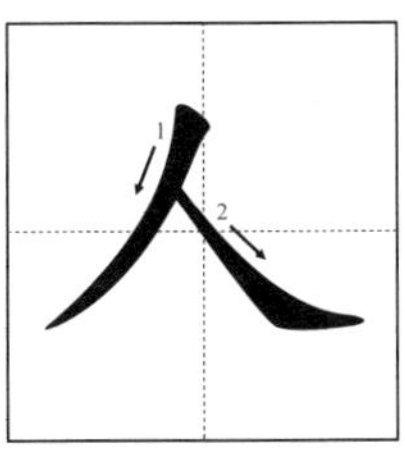

rén
(Mensch)
人

Vokabeln

Wetter (tiānqì)	天	气						
Regen (yŭ)	雨							
regnen (xià yŭ)	下	雨						
Monat, Mond (yuè)	月							
Tag, Sonne (rì)	日							
Stern (xīng)	星							
Katze (māo)	猫							
Hund (gŏu)	狗							
Mensch (rén)	人							

Verben (1)

Kurzzeichen	Radikal	Langzeichen	Pinyin	Bedeutung
是	日	是	shì	sein; ja
有	月	有	yǒu	haben
在	土	在	zài	befinden
爱	爫	愛	ài	lieben
想	心	想	xiǎng	möchten, vermissen
会	人	會	huì	können
能	厶	能	néng	können, dürfen
喜	士	喜	xǐ	Freude
欢	欠	歡	huān	froh
认	讠	認	rèn	wieder-erkennen
识	讠	識	shí	kennen

shì
(sein; ja)
是

yǒu
(haben)
有

zài
(befinden)
在

ài
(lieben)
爱

爱	爱	爱			

xiǎng
(möchten)
想

想	想	想			

huì
(können)
会

会	会	会			

Verben (1)

能

néng
(können, dürfen)

能

能	能	能			

喜

xǐ
(Freude)

喜

喜	喜	喜			

欢

huān
(froh)

欢

欢	欢	欢			

rèn
(wiedererkennen)

认

认	认	认			

shí
(kennen)

识

识	识	识			

Vokabeln

sein; ja
(shì)

是							

haben, besitzen
(yǒu)

有							

befinden
(zài)

在							

Verben (1)

lieben
(ài)

爱

möchten, vermissen, denken
(xiăng)

想

können
(huì)

会

können, dürfen
(néng)

能

mögen
(xĭhuan)

喜欢

kennen, wissen
(rènshi)

认识

Schriftzeichen für

Zeitangaben (1)

Kurzzeichen	Radikal	Langzeichen	Pinyin	Bedeutung
今	人	今	jīn	heute
明	日	明	míng	hell
昨	日	昨	zuó	gestern
中	丨	中	zhōng	Mitte
午	十	午	wŭ	Mittag
年	丿	年	nián	Jahr
期	月	期	qī	Zeitraum

今

jīn
(heute)

今

明

míng
(hell)

明

昨

zuó
(gestern)

昨

zhōng
(Mitte)
中

wŭ
(Mittag)
午

nián
(Jahr)
年

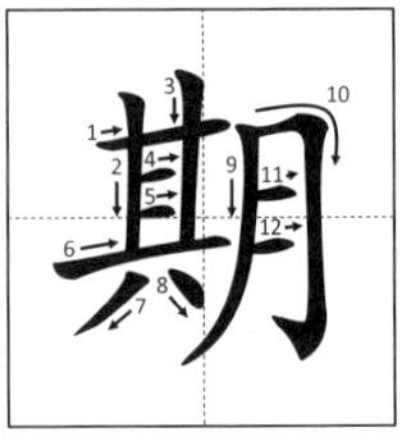

qī
(Zeitraum)

期

期	期	期			

Vokabeln

heute
(jīntiān)

今	天						

morgen
(míngtiān)

明	天						

gestern
(zuótiān)

昨	天						

vormittags
(shàngwǔ)

上	午						

mittags
(zhōngwǔ)

中	午						

nachmittags
(xiàwǔ)

下	午						

Jahr (nián)	年							
Januar (yī yuè)	一	月						
Februar (èr yuè)	二	月						
März (sān yuè)	三	月						
April (sì yuè)	四	月						
Mai (wŭ yuè)	五	月						
Juni (liù yuè)	六	月						
Juli (qī yuè)	七	月						
August (bā yuè)	八	月						
September (jiŭ yuè)	九	月						
Oktober (shí yuè)	十	月						

November (shíyī yuè)	十	一	月					
Dezember (shí'èr yuè)	十	二	月					
Woche (xīngqī)	星	期						
Montag (xīngqīyī)	星	期	一					
Dienstag (xīngqī'èr)	星	期	二					
Mittwoch (xīngqīsān)	星	期	三					
Donnerstag (xīngqīsì)	星	期	四					
Freitag (xīngqīwǔ)	星	期	五					
Samstag (xīngqīliù)	星	期	六					
Sonntag (xīngqīrì)	星	期	日					

Zeitangaben (2)

Kurzzeichen	Radikal	Langzeichen	Pinyin	Bedeutung
点	灬	點	diǎn	Tropfen, Tupfen *)
现	王	現	xiàn	gegenwärtig
时	日	時	shí	Zeitraum
候	亻	候	hòu	Zeit
分	八	分	fēn	teilen
钟	钅	鐘	zhōng	Glocke

*) „点" wird auch zur Bezeichnung der Uhrzeit verwendet. Beispiel: 一点 = 1 Uhr.

diǎn
(Tropfen, Tupfen)
点

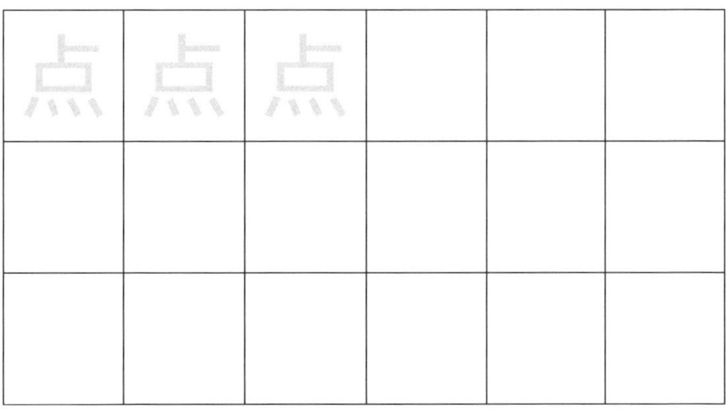

xiàn
(gegenwärtig)
现

shí
(Zeitraum)
时

hòu
(Zeit)
候

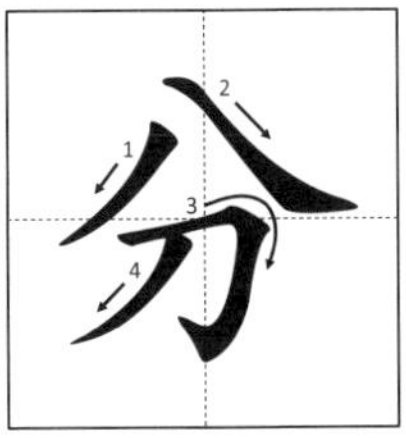

fēn
(teilen)
分

分	分	分			

zhōng
(Glocke)
钟

钟	钟	钟			

Vokabeln

1 Uhr
(yī diǎn)

一	点						

7 Uhr
(qī diǎn)

七	点						

12 Uhr
(shí'èr diǎn)

十	二	点

jetzt
(xiànzài)

现	在						

Zeit
(shíhou)

时	候						

Minute
(fēnzhōng)

分	钟						

Verben (2)

Kurzzeichen	Radikal	Langzeichen	Pinyin	Bedeutung
看	目	看	kàn	sehen, lesen
听	口	聽	tīng	hören
叫	口	叫	jiào	rufen, heißen
来	一	來	lái	kommen
回	口	回	huí	zurückkehren
去	土	去	qù	hingehen
坐	土	坐	zuò	sitzen
住	亻	住	zhù	wohnen
做	亻	做	zuò	machen, zubereiten
说	讠	說	shuō	sprechen
话	讠	話	huà	Rede

kàn
(sehen, lesen)
看

看	看	看			

tīng
(hören)
听

听	听	听			

jiào
(rufen, heißen)
叫

叫	叫	叫			

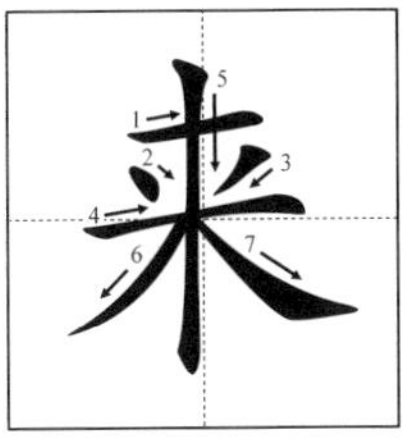

lái
(kommen)
来

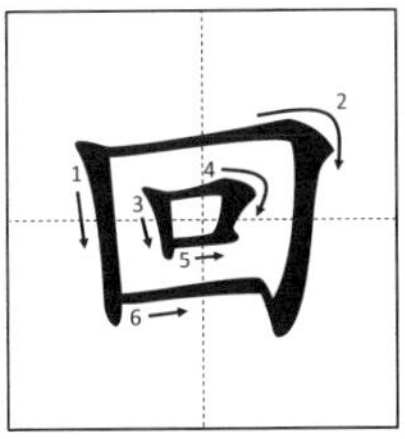

huí
(zurückkehren)
回

qù
(hingehen)
去

坐

zuò
(sitzen)
坐

坐 坐 坐

住

zhù
(wohnen)
住

住 住 住

做

zuò
(machen)
做

做 做 做

shuō
(sprechen)

说

说说说

huà
(Rede)

话

话话话

Vokabeln

sehen, lesen
(kàn)

看

hören
(tīng)

听							

rufen, heißen
(jiào)

叫							

kommen
(lái)

来							

zurückkehren
(huí)

回							

hingehen
(qù)

去							

sitzen
(zuò)

坐							

wohnen
(zhù)

住							

tun, machen,
zubereiten
(zuò)

做							

sich unterhalten
(shuō huà)

说	话						

Orte

Kurzzeichen	Radikal	Langzeichen	Pinyin	Bedeutung
校	木	校	xiào	Schule
馆	饣	館	guǎn	Halle, Haus
商	亠	商	shāng	Geschäft
店	广	店	diàn	Laden
院	阝	院	yuàn	Hof
火	火	火	huǒ	Feuer
车	车	車	chē	Wagen
站	立	站	zhàn	stehen
国	口	國	guó	Land
北	匕	北	běi	Norden
京	亠	京	jīng	Hauptstadt

xiào
(Schule)

校

校	校	校			

guǎn
(Halle, Haus)

馆

馆	馆	馆			

shāng
(Geschäft)

商

商	商	商			

diàn
(laden)

店

店 店 店

yuàn
(Hof)

院

院 院 院

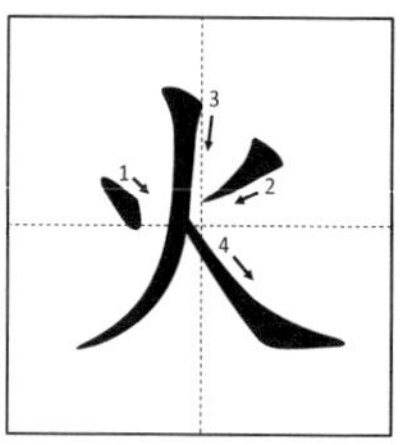

huŏ
(Feuer)

火

火 火 火

chē
(Wagen)
车

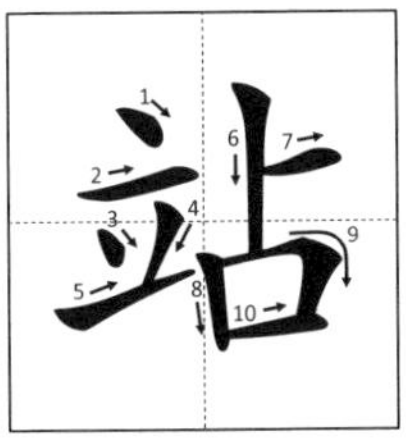

zhàn
(stehen)
站

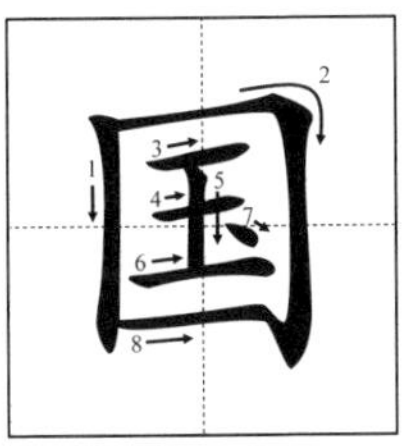

guó
(Land)
国

bĕi
(Norden)

北

北 北 北

jīng
(Hauptstadt)

京

京 京 京

Vokabeln

Schule
(xuéxiào)

学校

Restaurant
(fànguăn)

饭馆

Laden
(shāngdiàn)

商	店						

Krankenhaus
(yīyuàn)

医	院						

Bahnhof
(huǒchēzhàn)

火	车	站			

China
(Zhōngguó)

中	国						

Peking
(Běijīng)

北	京						

Begriffe und Gegenstände (1)

Kurzzeichen	Radikal	Langzeichen	Pinyin	Bedeutung
衣	衣	衣	yī	Kleid
服	月	服	fú	Kleidung
杯	木	杯	bēi	Tasse
电	丨	電	diàn	Elektrizität
视	礻	視	shì	sehen
脑	月	腦	nǎo	Gehirn
桌	木	桌	zhuō	Tisch
椅	木	椅	yǐ	Stuhl
书	丨	書	shū	Buch
东	一	東	dōng	Osten
西	西	西	xī	Westen

yī
(Kleid)
衣

衣	衣	衣			

fú
(Kleidung)
服

服	服	服			

bēi
(Tasse)
杯

杯	杯	杯			

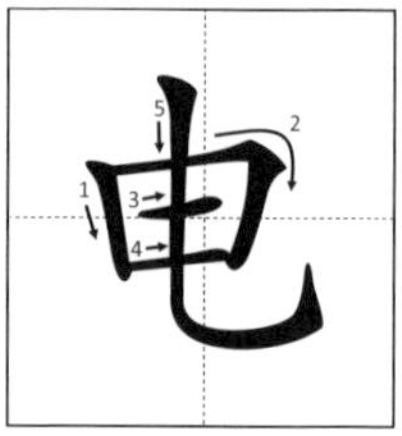

diàn
(Elektrizität)
电

shì
(sehen)
视

nǎo
(Gehirn)
脑

桌

zhuō
(Tisch)

桌

桌	桌	桌			

椅

yǐ
(Stuhl)

椅

椅	椅	椅			

书

shū
(Buch)

书

书	书	书			

dōng
(Osten)

东

东 东 东

xī
(Westen)

西

西 西 西

Vokabeln

Kleidung
(yīfu)

衣 服

Tasse, Becher
(bēizi)

杯 子

Fernseher
(diànshì)

电视

fernsehen
(kàn diànshì)

看电视

Telefon
(diànhuà)

电话

Computer
(diànnăo)

电脑

Tisch
(zhuōzi)

桌	子						

Stuhl
(yǐzi)

椅	子						

Buch
(shū)

书							

Buch lesen
(kàn shū)

看	书						

Sache, Ding
(dōngxi)

东	西						

Verben (3)

Kurzzeichen	Radikal	Langzeichen	Pinyin	Bedeutung
读	讠	讀	dú	laut lesen, studieren
写	冖	寫	xiě	schreiben
见	见	見	jiàn	sehen, treffen
睡	目	睡	shuì	schlafen
觉	见	覺	jiào	Schlaf
打	扌	打	dǎ	schlagen
买	乛	買	mǎi	kaufen
开	一	開	kāi	öffnen
工	工	工	gōng	Arbeit
作	亻	作	zuò	tun
习	乛*)	習	xí	üben

*) Radikal „Haken“, im Zeichen langgezogen

dú
(laut lesen)
读

xiě
(schreiben)
写

jiàn
(sehen, treffen)
见

shuì
(schlafen)
睡

睡睡睡

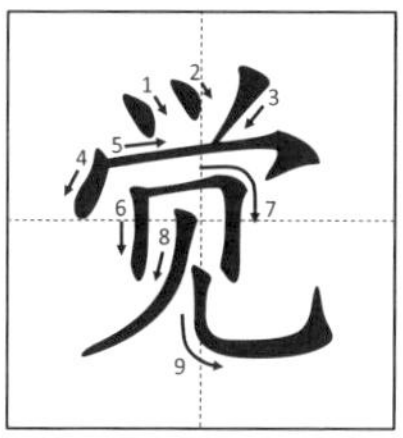

jiào
(Schlaf)
觉

觉觉觉

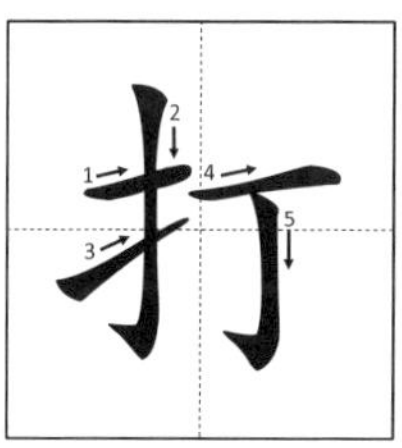

dǎ
(schlagen)
打

打打打

mǎi
(kaufen)
买

kāi
(öffnen)
开

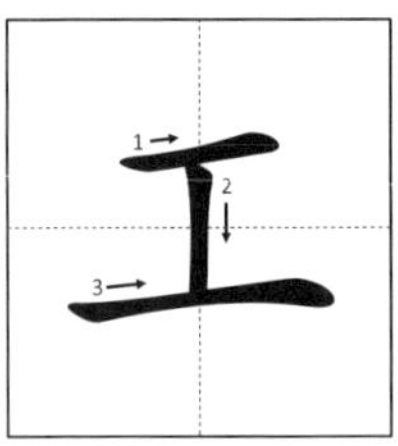

gōng
(Arbeit)
工

zuò
(tun)

作

作 作 作

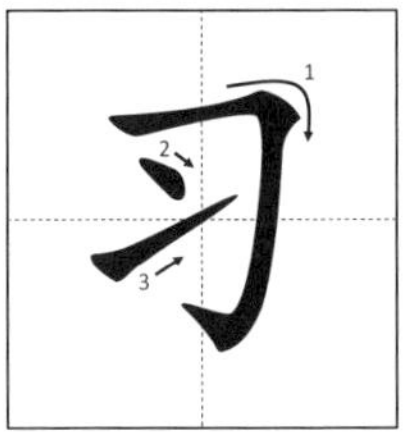

xí
(üben)

习

习 习 习

Vokabeln

laut lesen,
studieren
(dú)

读

schreiben
(xiě)

写

erkennen
(kànjiàn)

看	见						

schlafen
(shuì jiào)

睡	觉						

anrufen
(dǎ diànhuà)

打	电	话			

kaufen
(mǎi)

买							

shoppen
(mǎi dōngxi)

买东西

öffnen
(kāi)

开

arbeiten
(gōngzuò)

工作

lernen
(xuéxí)

学习

Adverbien und Grammatikpartikel

Kurzzeichen	Radikal	Langzeichen	Pinyin	Bedeutung
不	一	不	bù / bú	nicht
没	氵	沒	méi	nicht
很	彳	很	hěn	sehr
太	大	太	tài	äußerst
都	阝	都	dōu	alle
和	禾	和	hé	und, mit
的	白	的	de	Genitivpartikel
了	乛	了	le	Vergangenheits-partikel
吗	口	嗎	ma	Fragepartikel
呢	口	呢	ne	Fragepartikel

不

bù / bú
(nicht)

不

没

méi
(nicht)

没

很

hěn
(sehr)

很

tài
(äußerst)
太

dōu
(alle)
都

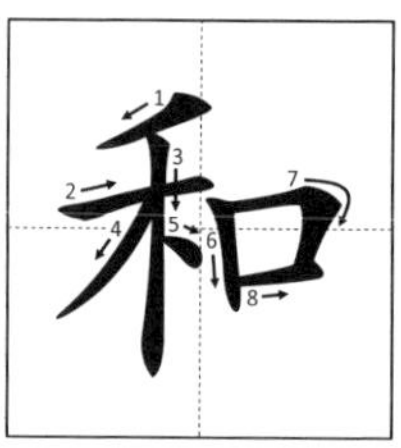

hé
(und, mit)
和

de
(Genitivpartikel)

的

的	的	的			

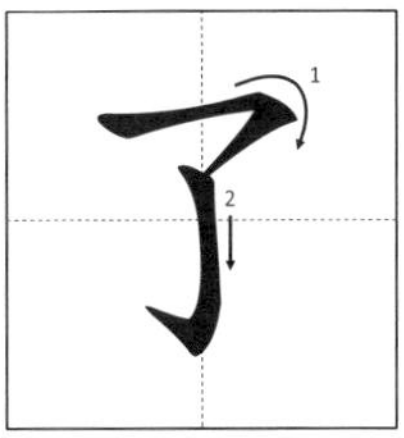

le (Vergangen-
heitspartikel)

了

了	了	了			

ma
(Fragepartikel)

吗

吗	吗	吗			

ne
(Fragepartikel)

呢

呢 呢 呢

Vokabeln

nicht sein
(bú shì)

不 是

nicht haben
(méi yǒu)

没 有

sehr froh
(hěn gāoxìng)

很 高 兴

äußerst wenig
(tài shăo le)

太少了

alle trinken Tee
(dōu hē chá)

都喝茶

du und ich
(wŏ hé nĭ)

我和你

ihre Rede
(tā de huà)

她的话

gegessen haben
(chī le fàn)

吃了饭

Wasser getrunken haben
(hē le shuǐ)

喝了水

Wie geht es dir?
(nǐ hǎo ma)

你好吗

Sind alle gekommen?
(dōu lái le ma)

都来了吗

Und die Tasse?
(bēizi ne)

杯子呢

Und der Arzt?
(yīshēng ne)

医生呢

Frage- und Zähleinheitswörter

Kurzzeichen	Radikal	Langzeichen	Pinyin	Bedeutung
什	亻	什	shén	was
么	厶	麽	me	was, wie
几	几	幾	jǐ	wie viel
怎	心	怎	zěn	wie
样	木	樣	yàng	Aussehen
个	人	個	ge	ZEW*) Stück
岁	山	歲	suì	ZEW*) Alter
本	木	本	běn	Wurzel, Heft; ZEW*) Bücher
些	二	些	xiē	einige; ZEW*) Plural
块	土	塊	kuài	Klotz; ZEW*) Stück

*) ZEW = Abkürzung für Zähleinheitswort

什

shén
(was)
什

什 什 什

么

me
(was, wie)
么

么 么 么

几

jǐ
(wie viel)
几

几 几 几

怎

zĕn
(wie)

怎

怎 怎 怎

样

yàng
(Aussehen)

样

样 样 样

个

ge
(Stück)

个

个 个 个

岁

suì
(Alter)

岁

本

běn
(Heft, Wurzel)

本

些

xiē
(einige)

些

kuài
(Klotz)
块

块 块 块

Vokabeln

Was?
(shénme)

什 么

Was ist dies?
(zhè shì shénme)

这 是 什 么

Wann?
(shénme shíhou)

什 么 时 候

Wie viel Uhr?
(jĭ diăn)

几 点

Wie viele Stücke?
(jĭ ge)

几 个

sieben Stücke
(qī ge)

七 个

Wie alt?
(jĭ suì)

(Frage an Kinder)

几 岁

neun Jahre alt
(jiŭ suì)

九 岁

Wie alt?
(duōdà)

多 大

Wie?
(zĕnme)

怎 么

Wie spricht man das?
(zěnme shuō)

怎	么	说

Wie ist …?
(…zěnmeyàng)

怎	么	样

ein Buch
(yī běn shū)

一	本	书

einige Bücher
(yī xiē shū)

一	些	书

einige Kleidungsstücke
(yī xiē yīfu)

一	些	衣	服				

ein Stück (Kuchen, Brot …)
(yī kuài)

一	块						

Floskeln des täglichen Lebens

Kurzzeichen	Radikal	Langzeichen	Pinyin	Bedeutung
谢	讠	謝	xiè	danken
客	宀	客	kè	Gast
再	一	再	zài	wieder
请	讠	請	qǐng	bitten
对	又	對	duì	richtig
起	走	起	qǐ	stehen
关	丷	關	guān	schließen
系	糸	系	xì	anbinden
喂	口	喂	wéi / wèi*)	Hallo

*) „喂" hat zwei Sprechweisen: Als Frage wird „wéi" verwendet, als Ausruf „wèi".

谢

xiè
(danken)

谢

客

kè
(Gast)

客

再

zài
(wieder)

再

请

qǐng
(bitten)

请

请 请 请

对

duì
(richtig)

对

对 对 对

起

qǐ
(stehen)

起

起 起 起

guān
(schließen)
关

关	关	关			

xì
(anbinden)
系

系	系	系			

wéi / wèi
(Hallo)
喂

喂	喂	喂			

Vokabeln

Danke!
(xièxie)

谢谢

Auf Wiedersehen!
(zàijiàn)

再见

Gerne geschehen.
(bú kèqi)

不客气

Bitte!
(qǐng)

请

Bitte setze dich!
(qǐng zuò)

请坐

Bitte trinke Tee!
(qǐng hē chá)

请	喝	茶

Bitte iss einen Apfel!
(qǐng chī píngguǒ)

请	吃	苹	果				

Entschuldigung!
(duìbuqǐ)

对	不	起

Das macht nichts!
(méi guānxi)

没	关	系

Hallo!
(wèi)

喂							

Begriffe und Gegenstände (2)

Kurzzeichen	Radikal	Langzeichen	Pinyin	Bedeutung
钱	钅	錢	qián	Geld
飞	飞	飛	fēi	fliegen
机	木	機	jī	Werkzeug
出	凵	出	chū	hinaus
租	禾	租	zū	mieten
影	彡	影	yǐng	Schatten
名	夕	名	míng	Name
字	宀	字	zì	Schrift
汉	氵	漢	hàn	Han
语	讠	語	yǔ	Sprache

qián
(Geld)
钱

fēi
(fliegen)
飞

jī
(Werkzeug)
机

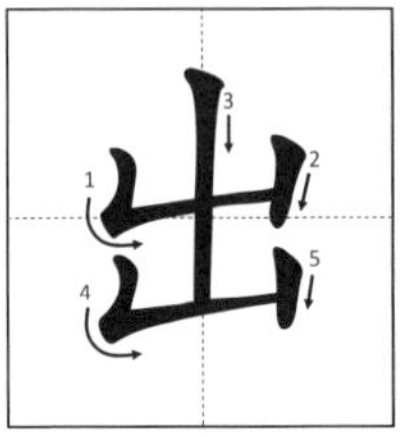

chū

(hinaus)

出

zū

(mieten)

租

yǐng

(Schatten)

影

míng
(Name)
名

zì
(Schrift)
字

hàn
(Han)
汉

yŭ
(Sprache)

语 语 语

Vokabeln

Geld
(qián)

钱

Flugzeug
(fēijī)

飞机

mit dem Flugzeug hinfliegen
(zuò fēijī qù)

坐飞机去

Taxi
(chūzūchē)

出租车

mit dem Taxi hinfahren (zuò chūzūchē qù)	坐出租车去
Kinofilm (diànyǐng)	电影
Kinofilm sehen (kàn diànyǐng)	看电影
Schriftzeichen, Schrift (zì)	字
Name (míngzi)	名字
Chinesisch (Hànyǔ)	汉语
Chinesisch sprechen (shuō Hànyǔ)	说汉语
Schriftzeichen (hànzì)	汉字

Anhang A: Lerninhalt des HSK 1

1. 名词 – Substantive (63 Stück)

(1) jiā 家, xuéxiào 学校, fànguǎn 饭馆, shāngdiàn 商店, yīyuàn 医院, huǒchēzhàn 火车站, Zhōngguó 中国, Běijīng 北京

(2) shàng 上, xià 下, qiánmiàn 前面, hòumiàn 后面, lǐ 里

(3) jīntiān 今天, míngtiān 明天, zuótiān 昨天, shàngwǔ 上午, zhōngwǔ 中午, xiàwǔ 下午, nián 年, yuè 月, rì 日, xīngqī 星期, diǎn 点, xiànzài 现在, shíhou 时候, fēnzhōng 分钟

(4) bàba 爸爸, māma 妈妈, érzi 儿子, nǚ'ér 女儿, lǎoshī 老师, xuésheng 学生, tóngxué 同学, péngyou 朋友, yīshēng 医生, xiānsheng 先生, xiǎojie 小姐

(5) yīfu 衣服, shuǐ 水, cài 菜, mǐfàn 米饭, shuǐguǒ 水果, píngguǒ 苹果, chá 茶, bēizi 杯子, qián 钱, fēijī 飞机, chūzūchē 出租车, diànshì 电视, diànnǎo 电脑, diànyǐng 电影, tiānqì 天气, māo 猫, gǒu 狗, dōngxi 东西

(6) rén 人, míngzi 名字, shū 书, Hànyǔ 汉语, zì 字, zhuōzi 桌子, yǐzi 椅子

2. 动词 – Verben (36 Stück)

(1)	xièxie 谢谢	bú kèqi 不 客气	zàijiàn 再见	qǐng 请	duìbuqǐ 对不起	méi guānxi 没 关系
(2)	shì 是	yǒu 有				
(3)	kàn 看	tīng 听	shuōhuà 说话	dú 读	xiě 写	kànjiàn 看见
	jiào 叫	lái 来	huí 回	qù 去	chī 吃	hē 喝
	shuìjiào 睡觉	dǎdiànhuà 打 电话	zuò 做	mǎi 买	kāi 开	zuò 坐
	zhù 住	xuéxí 学习	gōngzuò 工作	xià yǔ 下 雨		
(4)	ài 爱	xǐhuan 喜欢	xiǎng 想	rènshi 认识		
(5)	huì 会	néng 能				

3. 形容词 – Adjektive (9 Stück)

hǎo 好	dà 大	xiǎo 小	duō 多	shǎo 少	gāoxìng 高兴
lěng 冷	rè 热	piàoliang 漂亮			

4. 代词 – Pronomen (17 Stück)

wǒ 我	nǐ 你	tā 他	tā 她	wǒmen 我们	nǐmen 你们
tāmen 他们	tāmen 她们	zhè 这	nà 那	shuí 谁	nǎr 哪儿
shénme 什么	duōshao 多少	jǐ 几	zěnme 怎么	zěnmeyàng 怎么样	

5. 数词 – Zahlen (11 Stück)

yī	èr	sān	sì	wǔ	liù
一	二	三	四	五	六
qī	bā	jiǔ	shí	líng	
七	八	九	十	零	

6. 量词 – Zähleinheitswörter (5 Stück)

gè	suì	běn	xiē	kuài
个	岁	本	些	块

7. 副词 – Adverbien (5 Stück)

bù	méi	hěn	tài	dōu
不	没	很	太	都

8. 连词 – Konjunktionen (1 Stück)

hé
和

9. 介词 – Präpositionen (1 Stück)

zài
在

10. 助词 – Hilfsworte (4 Stück)

de	le	ma	ne
的	了	吗	呢

11. 叹词 – Aufrufsworte (1 Stück)

wèi (wéi)
喂

Anhang B: Alphabetische Wortliste

A

B

C

D

E

F

G

H

J

K

X

Y

Z